भारतदुर्दशा

भारतदुर्दशा

भारतेन्दु हरिश्चन्द्र

भूमिका

योगेन्द्रनाथ मिश्र

वाणी प्रकाशन

प्रकाशन के उत्कृष्टतम 61 वर्ष

पेपरबैक पहला संस्करण : 2015
पेपरबैक दूसरा संस्करण : 2018
पेपरबैक तीसरा संस्करण : 2019
पेपरबैक चौथा संस्करण : 2021
पेपरबैक पाँचवाँ संस्करण : 2022
पेपरबैक छठा संस्करण : 2023
पेपरबैक सातवाँ संस्करण : 2024

vaniprakashan.com

वाणी प्रकाशन

4695, 21-ए, दरियागंज, नयी दिल्ली-110 002

फ़ोन : +91 11 23273167, 23275710

शाखाएँ

अशोक राजपथ, पटना-800 004, बिहार

कॉफ़ी हाउस कैम्पस, महात्मा गांधी मार्ग, प्रयागराज-211 001, उत्तर प्रदेश

महात्मा गांधी अन्तरराष्ट्रीय हिन्दी विश्वविद्यालय, वर्धा-442 001, महाराष्ट्र

sales@vaniprakashan.in
vaniprakashan@gmail.com

BHARATDURDASHA
by Bhartendu Harishchandra
Bhoomika Yogendranath Mishra

ISBN : 978-93-5072-826-0
Play

मूल्य : ₹ 80

जी.एस. ऑफ़सेट, दिल्ली-110 095 में मुद्रित

वाणी प्रकाशन का लोगो मक़बूल फ़िदा हुसेन की कूची से

भारतदुर्दशा
हिंदी का प्रथम राष्ट्रीय चेतना का नाटक

भारतेन्दु हरिश्चन्द्र नवजागरण की उपज हैं। इसी लिए उनकी गद्य-रचनाओं में नवजागरण की सारी विशेषताएँ मिलती हैं। हिंदी साहित्य की गद्य-विधाओं का उद्‌भव काल भारतेंदु युग ही है। आचार्य रामचंद्र शुक्ल के अनुसार गद्य-रचना के अंतर्गत भारतेंदु का ध्यान पहले नाटकों की ओर गया। भारतेंदु के छोटे-बड़े, पूर्ण-अपूर्ण नाटकों की संख्या 15 से 18 तक बताई जाती है।

कालक्रमानुसार भारतेंदु के अनूदित तथा मौलिक नाटक इस प्रकार हैं :

(क) अनूदित नाटक :

1. विद्यासुंदर : संस्कृत नाटक 'चौरपञ्चाशिका' के आधार पर रचित बंगला नाटक 'विद्यासुंदर' का भावानुवाद, रचनाकाल संवत् 1925।
2. रत्नावली : महाकवि हर्ष के संस्कृत नाटक का अनुवाद, रचनाकाल संवत् 1925।
3. पाखंडविडंबन : संस्कृत नाटक 'प्रबोधचन्द्रोदय' के 'पाखण्डविडम्बन' नामक तीसरे अंक का अनुवाद, रचनाकाल संवत् 1925।
4. धनंजयविजय : मूल संस्कृत नाटक का अनुवाद, रचनाकाल संवत् 1930।
5. मुद्राराक्षस : मूल संस्कृत नाटक 'मुद्राराक्षस' का अनुवाद, रचनाकाल संवत् 1932।
6. कर्पूरमंजरी : राजशेखरकृत प्राकृत नाटक का अनुवाद, रचनाकाल, संवत् 1936।
7. दुर्लभ बंधु : शेक्सपियर के नाटक 'मर्चेन्ट ऑफ वेनिस' का अनुवाद, रचनाकाल संवत् 1937।

(ख) मौलिक नाटक :

8. प्रवास (संवत् 1925 – नाटक – अप्राप्य)
9. वैदिकी हिंसा हिंसा न भवति (संवत् 1932 – प्रहसन)
10. सत्यहरिश्चंद्र (संवत् 1932 – नाटक)
11. प्रेमयोगिनी (संवत् 1932 – नाटिका)
12. विषस्य विषमौषधम् (संवत् 1932 – भाण – अपूर्ण)
13. चंद्रावली (संवत् 1932 – नाटिका)
14. भारतदुर्दशा (संवत् 1933 – नाट्यरासक या लास्यरूपक)
15. भारतजननी (संवत् 1934 – ऑपेरा)
16. नीलदेवी (संवत् 1934 – गीतिरूपक)
17. अंधेरनगरी (संवत् 1935 – प्रहसन)
18. सतीप्रताप (संवत् 1941 – गीतिरूपक)

(वर्गीकरण के साथ यह सूची डॉ. कुँवर चंद्रप्रकाश सिंह की पुस्तक 'नाटककार भारतेंदु और उनका युग' से ली गई है। संभव है, अनूदित और मौलिक का यह वर्गीकरण निर्दोष न हो।)

आचार्य रामचंद्र शुक्ल ने अपने इतिहास में सिर्फ 15 नाटकों का ही नामोल्लेख किया है। 'दुर्लभ बंधु', 'रत्नावली' तथा 'प्रवास' के नाम शुक्लजी ने अपनी सूची में नहीं दिए हैं तथा 'सत्यहरिश्चंद्र' नाटक को अनूदित माना है। जबकि दूसरे लोगों ने 'सत्यहरिश्चंद्र' को मौलिक नाटक माना है। इनके कारणों को जानना एक गंभीर खोज का विषय हो सकता है। डॉ. कुँवर चंद्रप्रकाश सिंह ने अपनी पुस्तक 'नाटककार भारतेंदु और उनका युग' में बाबू ब्रजरत्नदास का हवाला देते हुए इसके कारणों पर थोड़ा प्रकाश डाला है। परंतु एक बात समझ में नहीं आती कि चंद्रप्रकाशजी ने यह बात कैसे लिखी है कि आचार्य शुक्ल ने 'भारतजननी' का उल्लेख नहीं किया। जबकि बात ऐसी नहीं है। शुक्लजी ने अनूदित नाटकों की सूची में 'भारतजननी' को शामिल किया है।

अब बात 'भारतदुर्दशा' की। 'भारतदुर्दशा' आकार में जितना छोटा नाटक है, वस्तु की सघनता, संवेदना की गहराई तथा महत्त्व की दृष्टि से उतना ही बड़ा है। इस नाटक में कुल छ अंक हैं तथा 19 पात्र हैं : 1. एक योगी, 2. भारत, 3. निर्लज्जता, 4. आशा, 5. भारतदुर्दैव, 6. सत्यानाश फौजदार, 7. रोग, 8. आलस्य, 9. मदिरा, 10. अंधकार, 11. सभापति, 12. बंगाली सभ्य (सदस्य),

13. महाराष्ट्री सभ्य, 14. एडिटर, 15. कवि, 16. पहला देशी, 17. दूसरा देशी, 18. डिसलायलटी (देशद्रोह), 19. भारतभाग्य। उनमें से भारत, निर्लज्जता, आशा, भारतदुर्दैव, रोग, आलस्य, मदिरा, अंधकार तथा डिसलायलटी, भारतभाग्य अमूर्त पात्र हैं। उनका मानवीकरण किया गया है। नाटक को पढ़ते हुए इस बात का सहज ही अनुमान किया जा सकता है कि भारतेंदु हरिश्चंद्र अपने समय के भारतीय जन जीवन तथा जनमानस की दुर्दशा को लेकर कितने व्यथित रहे होंगे!

'भारतदुर्दशा' भारतेंदु की राष्ट्रीय चेतना को प्रतिबिंबित करने वाला नाटक है। भारतेंदु की राष्ट्रीय चेतना को समझने के लिए उस समय की राजनीतिक परिस्थिति पर दृष्टि डालना जरूरी है। भारतेंदु के जन्म के समय तक पूरे देश में कंपनी का शासन स्थापित हो चुका था। पराजित देशी राजा, सामंत, जमींदार सभी अपना स्वार्थ सिद्ध करने तथा व्यक्तिगत लाभ के लिए कंपनी सरकार के पिट्ठू बन गए थे। नए विदेशी शासन को स्वीकार कर लेना उनकी विवशता थी।

भारतेंदु के समय में एक तरफ भारत का गौरवशाली अतीत था, तो दूसरी तरफ दीन-हीन मृतप्राय उसका वर्तमान! नाटक के पहले अंक में भारतेंदु लिखते हैं – *'सबसे पहिले जेहि ईश्वर धन बल दीनो ... सबसे पहिले विद्याफल जिन गहि लीनो।'* लेकिन वही आज सबसे पीछे हो गया है। प्रश्न यह है कि ऐसा क्यों और कैसे हुआ? भारतेंदु कहते हैं कि इसके मूल में हमारा आपसी कलह है। इतिहास इसका गवाह है कि उस समय तक अखंड भारत की कोई परिकल्पना न थी। अखिल भारतीय 'राष्ट्रीय-चेतना' न थी। उस समय तक भारत में राजनीतिक राष्ट्रवाद नहीं था। पूरा भारत असंख्य छोटी-बड़ी रियासतों में बँटा हुआ था। सभी रियासतें अपने राज्य के विस्तार तथा अहंकार के चलते एक-दूसरे से लड़ा करती थीं। यहाँ तक कि अपने पड़ोसी को सबक सिखाने के लिए विदेशी ताकतों को आमंत्रित करने से भी कोई हिचकता न था। आपसी कलह की वजह से ही इस देश में मुस्लिम आक्रमणकारियों का प्रवेश हुआ। कालांतर में जिन्होंने इस देश की सामाजिक, राजनीतिक, धार्मिक – सभी व्यवस्था को छिन्न-भिन्न कर दिया – *लरि बैदिक जैन डुबाई पुस्तक सारी। करि कलह बुलाई जवनसैन पुनि भारी। तिन नासी बुधि बल विद्या धन बहु बारी। छाई अब आलस कुमति कलह अँधियारी। भए अंध पंगु सब दीन हीन बिलखाई। हा हा भारतदुर्दशा न देखी जाई।*

उसके बाद अँगरेज आए। वे यहाँ व्यापारी के रूप में आए; परंतु अपने लिए यहाँ की स्थितियों को अनुकूल पाकर बाद में यहाँ के शासक बन गए। मुस्लिम

शासकों ने इस देश को सत्त्वहीन तो कर ही दिया था। बाकी का काम अंग्रेजों ने पूरा कर दिया। पूर्व शासकों के मुकाबले अंग्रेजों के शासन में व्यवस्था थोड़ी सुधरी। लोगों को थोड़ी राहत महसूस हुई; परंतु अंग्रेज तो यहाँ व्यापार करने आए थे – धन कमाने आए थे। उन्होंने वही किया। यहाँ से धन बटोरकर वे अपने देश भेजने लगे – *अँगरेज राज सुख साज सजे सब भारी। पै धन बिदेश चलि जात इहै अति ख्वारी।*

दूसरे अंक में 'भारत' का प्रवेश होता है। (*फटे कपड़े पहिने, सिर पर अर्ध किरीट, हाथ में टेकने की छड़ी, शिथिल अंग*) वह अपनी अवदशा से अत्यंत दुखी है। उसे 'महाभारत' का दुर्योधन याद आता है : एक वह अकेला वीर पुरुष था, जिसने श्रीकृष्ण से कहा था कि बिना युद्ध के सूई की नोंक बराबर भी जमीन नहीं दूँगा; और आज हमारे बीस करोड़ पुत्र हैं, जिन्होंने आक्रमणकारियों को पूरा का पूरा देश दे दिया। आज हमारे पुत्रों की योग्यता, विद्या, सभ्यता, उद्योग, उदारता, धन, बल, मान, दृढ़चित्तता, सत्य – सब कहाँ चला गया? 'भारत' अपने दुर्दैव (भारतदुर्दैव) से इतना डरा हुआ है कि उससे भागता फिरता है। उसे अपनी रक्षा का कोई उपाय नहीं दिखता। उसके बीस करोड़ सुत स्वयं अनाथ बनकर भटक रहे हैं। उसे उम्मीद थी कि राजराजेश्वरी विजयिनी महारानी विक्टोरिया की मदद मिलेगी। परंतु उनके भी वादे निरर्थक सिद्ध हुए। उन्होंने कंपनी के हाथ से भारत का शासन अपने हाथ में लेते समय जो घोषणाएँ की थीं, सब निरर्थक सिद्ध हुईं। फिर भी भारत को उन्हीं से आशा है : *'मातः, राजराजेश्वरी विजयिनी! मुझे बचाओ। अपनाए की लाज रक्खो।'*

भारत निराशा और हताशा से घिर जाता है : *'हाय! परमेश्वर वैकुंठ में बैठे हैं और राजराजेश्वरी सात समुद्र पार।'* वह मूर्छित होकर गिर जाता है। तभी निलज्जता का प्रवेश होता है। जब साहस और स्वाभिमान पूरी तरह से नष्ट हो जाता है, तब व्यक्ति को कायरता घेर लेती है। वह निर्लज्ज हो जाता है। सारी प्रतारणाएँ सहकर भीख माँगकर भी यदि खाना मिले, तो उसे कायर और निर्लज्ज व्यक्ति स्वीकार कर लेता है। मरने के लिए साहस की जरूरत पड़ती है। लेकिन भारत ऐसा भी नहीं कर सका। वह सारी प्रतारणाएँ सह रहा है तथा अपमानित जीवन जिए जा रहा है।

तीसरे अंक में 'भारतदुर्दैव' का प्रवेश होता है। भारतेंदु ने मुस्लिम तथा अँगरेज शासकों को 'भारतदुर्दैव' के रूप में चित्रित किया है; क्योंकि भारत की दुर्दशा के लिए ये ही जिम्मेदार हैं। 'भारतदुर्दैव' नाचते हुए जो गीत गाता है, उसमें भारतेंदु भारत की क्या-क्या दुर्दशा हुई है – हो रही है और किन कारणों से हो रही

है, इसका वर्णन करते हैं। प्राकृतिक आपदाएँ – सूखा, बाढ़, रोग; आपसी फूट, कलह, वैर – ये सब ऐसे कारण हैं, जिनके चलते भारत पायमाल हो गया। भूखा आदमी कभी भी स्वाभिमानी नहीं हो सकता। वह खुशामदी बन जाता है। कायर और आलसी हो जाता है। भाग्यवादी हो जाता है। संतोषी हो जाता है। संतोषी आदमी अपनी दुरवस्था से उबरने की कोशिश नहीं करता। भारत इसी अवस्था को पहुँच गया है। वह हर तरह के अपमान भी सहने को मजबूर हो गया है। मुसलमान उसे 'काफिर' कहते थे और अँगरेज उसे 'काला' कहकर अपमानित करते हैं :

काफर काला नीच पुकारूँ, तोडूँ पैर औ हाथ।

उस जमाने में पूरा भारतीय समाज दो हिस्सों में बँटा हुआ था। एक बड़ा वर्ग अपढ़-गँवारों का था तथा दूसरा वर्ग अँगरेजी पढ़े-लिखों का था। पढ़ा-लिखा वर्ग अँग्रेजों का वफादार (राजभक्त) बन गया तथा दूसरा वर्ग राष्ट्रभक्त। राजभक्तों को सरकार की तरफ से तरह-तरह की सुविधाएँ मिलती थीं। उन सुविधाओं के लालच में वह वर्ग देश के साथ गद्दारी करता था। जबकि राष्ट्रभक्तों को सरकार की तरफ से तरह-तरह से प्रतारणाएँ मिलती थी।

फिर भारतदुर्दैव सत्यानाश फौजदार को बुलाता है। सत्यानाश फौजदार के संवादों के माध्यम से भारतेंदु यह बताना चाहते हैं कि इस देश का सत्यानाश कैसे हुआ है। सबसे पहला कारण वे यह बताते हैं कि धर्म के नाम पर शैव, शाक्त तथा वैष्णव आपस में लड़ते रहे हैं। धर्म के नाम पर पूरा समाज अनेक जातियों में बँट गया। धर्म के नाम पर फैले ऊँच-नीच के भेदभाव ने तथा छुआछूत ने समाज को अंदर ही अंदर खोखला कर दिया। तरह-तरह के विधि-विधान, रीति-रिवाज ने भी समाज का बहुत नुकशान किया है। बाल-विवाह तथा विधवा-विवाह का निषेध करने से समाज में व्यभिचार ही फैला। विदेश-यात्रा पर रोक लगाकर धर्म ने हिंदू समाज को कूपमंडूक बना दिया। इसी तरह फूट, डाह, लोभ, भय, उपेक्षा स्वार्थपरता, पक्षपात, हठ, शोक आदि भारतदुर्दैव की ऐसी सेनाएँ हैं, जिन्होंने भारत को किसी काम का नहीं रहने दिया है।

चौथे अंक में रोग, आलस्य, मदिरा और अंधकार बारी-बारी से प्रवेश करते हैं और अपनी-अपनी विशेषताएँ बताते हैं। पहले रोग का प्रवेश होता है। वह अज्ञान से उत्पन्न भारतवासियों की बीमारियों के नाम गिनाता है – नजर, श्राप (शाप), प्रेत, टोना, टनमन, देवी-देवता आदि; और इन बीमारियों का इलाज भी ओझा, दरसनिए, सयाने, पंडित, सिद्ध लोग करते हैं। उस जमाने में टीका का

आविष्कार हो चुका था। परंतु भारतवासी शीतला के डर से टीका नहीं लगवाते थे; और अपने प्यारे बच्चों के प्राण गँवाते थे। फिर आलस्य का प्रवेश होता है। आलस्य नाम के पात्र के माध्यम से भारतेंदु ने संकेत किया है कि लोग कितने सत्त्वहीन और अकर्मण्य हो चुके थे। जिस देश के लोगों का गुरुमंत्र यह हो कि *'अजगर करे न चाकरी पंछी करे न काम। दास मलूका कह गए सबके दाता राम'*, तो फिर उनके लिए भगवान भी कुछ नहीं कर सकते। आलस्य और निकम्मेपन का एक और नमूना भारतेंदु ने दिया है – *'जो पढ़तव्यं सो मरतव्यं, जो न पढ़तव्यं सो भी मरतव्यं, तब फिर दंतकटाकट किं करतव्यं।'*

फिर मदिरा की बारी आती है। मदिरा-सेवन जैसे आज समस्या है, वैसे ही भारतेंदु के समय में भी समस्या था। मदिरापान कितना हानिकारक है, इसका वर्णन भारतेंदु ने बहुत चुटीले ढंग से किया है – *'मदवा पीले पागल जीवन बीत्यौ जात। बिनु मद जगत सार कछु नाहीं मान हमारी बात। ... हाथी मच्छड़, सूरज जुगुनू जाके पिए लखात। ऐसी सिद्धि छोड़ि मन मूरख काहे ठोकर खात।'*

मदिरा के बाद अंधकार का प्रवेश होता है। भारतेंदु ने अंधकार को अज्ञान और जड़ता के प्रतीक के रूप में प्रस्तुत किया है। भारतेंदु यह कहना चाहते हैं कि विदेशी शासक – चाहे वे मुस्लिम शासक हों या ब्रिटिश हुकूमत हो – वे हमारी दुर्दशा का कारण तो हैं ही; परंतु हमारी दुर्दशा का मूल कारण हमारा आपसी कलह, अविद्या, मोह और मूढ़ता ही है। नहीं तो, दूसरा क्या कारण हो सकता है, जिसके चलते इतना विशाल देश मुट्ठी भर ताकतों के सामने घुटने टेक गया।

पाँचवें अंक में सात सदस्यों की कमेटी की बैठक होती है। सभी भारतदुर्दैव की चढ़ाई से निपटने का उपाय सोचने में लगे हैं। सभी अपनी-अपनी सलाह प्रस्तुत करते हैं। परंतु इसी बीच डिसलायलटी (देशद्रोह) का प्रवेश होता है; और सभी की स्थिति भीगी बिल्ली जैसी हो जाती है। भारतेंदु यह कहना चाहते हैं कि पढ़े-लिखे बौद्धिक लोग सिर्फ बातें कर सकते हैं। वे बातों के शेर होते हैं। परिस्थिति से सामना होने पर वे दुम दबाकर भाग खड़े होते हैं।

छठे और आखिरी अंक में घने वन में एक पेड़ के नीचे भारत अचेत पड़ा है। 'भारतभाग्य' का प्रवेश होता है। वह *'जागो जागो रे भाई...'* का उद्घोष करते हुए भारत को जगाने का प्रयत्न करता है। लेकिन भारत नहीं जागता; और अंत में थक-हारकर निराश होकर भारतभाग्य आत्महत्या कर लेता है। और इस तरह नाटक पूरा हो जाता है।

भारतीय नाट्य-परंपरा में मृत्यु से नाटक का अंत वर्जित माना गया है। परंतु 'भारतदुर्दशा' का अंत मृत्यु से होता है। इस दृष्टि से यह नाटक चर्चा और विवाद का विषय रहा है। एक नाट्यविद् ने इस नाटक को सुखांत सिद्ध करने के इरादे से 'भारतभाग्य' को भारत का छद्म शत्रु और उसकी आत्महत्या को भारत के लिए कल्याणकारी माना है। यह परिकल्पना क्या द्राविड़प्राणायाम तथा दूर की कौड़ी मारने जैसी नहीं लगती! शास्त्रीय दृष्टि से यह नाटक दुखांत हो या सुखांत - इसका अंत जागरण का संदेश देता है, यह निर्विवाद है।

'भारतदुर्दशा' के पहले अंक में 'योगी' तथा आखिरी छठे अंक में 'भारतभाग्य' के रूप में, ऐसा लगता है, भारतेन्दु खुद मौजूद हैं। कुछ लोगों ने इस नाटक के आरंभ और अंत को ध्यान में रखकर इसे निराशावादी तथा दुखांत नाटक माना है। पहले अंक का आरंभ जिस लावनी से होता है, उसकी पहली दो पंक्तियाँ बहुत प्रसिद्ध हैं- *'रोवहु सब मिलिकै आवहु भारत भाई। हा! हा! भारतदुर्दशा न देखी जाई।'* सवाल यह है कि रोने की नौबत कब आती है? निश्चय ही गहरे दुख के क्षणों में व्यक्ति रोता है। मध्यकाल में कबीर भी रोने की बात करते हैं - *'सुखिया सब संसार है खाए अरु सोवे। दुखिया दास कबीर हैं जागे अरु रोवे।'* सोने वाले कभी रोते नहीं। जो जागता है वही रो सकता है; क्योंकि जागने वाला ही सारी परिस्थिति से अवगत होता है। नाटक का आरंभ भले ही रुदन से होता है; परंतु अंत जागरण से होता है : *'जागो जागो रे भाई। सोअत निसि बैस गँवाई। जागो जागो रे भाई।'* भारतेंदु रोने की बात कहकर देश की सोई हुई जनता को जागरण का संदेश देते हैं।

भारतेंदु यह भी जानते हैं कि भारत की दुर्दशा क्यों हुई हैं? और इस दुर्दशा से मुक्ति कैसे होगी। उन सारी कमजोरियों का वर्णन वे पूरे नाटक में करते हैं, जिनके चलते हमारे देश को यह दिन देखना पड़ा है। वे भारतवासियों के समक्ष भारत के गौरवशाली इतिहास का वर्णन (गद्य और पद्य दोनों) अत्यंत उदात्त शैली में करते हैं : *जिस भारतवर्ष का सिर व्यास, वाल्मीकि, कालिदास, पाणिनि, शाक्यसिंह, बाणभट्ट प्रभृति कवियों के नाम मात्र से अभी भी सारे संसार में ऊँचा है, उस भारत की यह दुर्दशा! जिस भारतवर्ष के राजा चंद्रगुप्त और अशोक का शासन रूम* (रोम)*, रूस तक माना जाता था, उस भारत की यह दुर्दशा! जिस भारत में राम, युधिष्ठिर, नल, हरिश्चंद्र, रंतिदेव, शिवि इत्यादि पवित्र चरित्र के लोग हो गए, उसकी यह दशा!* उसके मुख पर ऐसी कालिख पुत गई है कि वह कहीं भी मुँह दिखाने के काबिल नहीं है : *'चांडालहु जेहि निरखि घिनाई। रही सबै भुव मुँह मसि लाई।'*

परंतु उसका कारण क्या है? भारतेंदु कहते हैं यह सब हमारी आपसी फूट का परिणाम है – *'लरि बैदिक जैन डुबाई पुस्तक सारी। करि कलह बुलाई जवनसैन पुनि भारी। तिन नासी बुधि बल विद्या धन बहु बारी। छाई अब आलस कुमति कलह अँधियारी। भए अंध पंगु सब दीन हीन बिलाखाई। हा! हा! भारत दुर्दशा न देखी जाई।'*

भारतेंदु को अपनी वर्तमान स्थिति पर इतनी ग्लानि है कि वे उन सबको धिक्कारते हैं, जो हमारे गौरव के प्रतीक हैं : *'कासी प्राग अयोध्या नगरी। दीन रूप सम ठाढ़ी सगरी। + + + हाय पंचनद हा पानीपत। अजहुँ रहे तुम धरनि विराजत। हाय चितौर निलज तुम भारी। अजहुँ खरो भारतहिं मँझारी। जा दिन तुव अधिकार नसायो। सो दिन क्यों नहिं धरनि समायो। + + + पापिनि सरजू नाम धराई। अजहूँ बहत अवधतट जाई।'* धिक्कार के साथ-साथ उनका आक्रोश भी बढ़ता जाता है। वे गंगा और यमुना को धिक्कारते और ललकारते हुए कहते हैं : *'बोरहु भारत भूमि सबेरे। मिटै करक जिय की तब मेरे। अहो भयानक भ्राता सागर। तुम तरंगनिधि अतिबल आगर। बोरे बहु गिरि बन अस्थाना। पै बिसरे भारत हित जाना। बढ़हु न बेगि धाइ क्यों भाई। देहु भारत भुव तुरत डुबाई।'*

कुछ लोग भारतेंदु की राष्ट्रभक्ति पर इस आधार पर प्रश्नचिह्न लगाते हैं कि भारतेंदु ने अँगरेजी राज की प्रशंसा की है। यह बिचारणीय मुद्दा है। पहली बात तो यह कि जिस राष्ट्रभक्ति या राष्ट्रप्रेम की बात आज हम करते हैं, वैसी राष्ट्रभक्ति का उदय उस समय तक नहीं हुआ था। अगर गांधीजी की मानें, तो उनके अनुसार 'भारतीय राष्ट्रीय कांग्रेस' की स्थापना के साथ 'नेशन' या 'नेशनल' की भावना प्रकट हुई। (हिंदस्वराज) भारतेंदु के निधन-वर्ष (सन् 1885) में 'भारतीय राष्ट्रीय कांग्रेस' की स्थापना हुई। गांधीजी के शब्दों में कहें, तो *'कांग्रेस ने अलग-अलग जगहों पर हिंदुस्तानियों को इकट्ठा करके 'हम एक राष्ट्र हैं' ऐसा जोश पैदा किया।'* (हिंदस्वराज) इस बात के लिए इतिहास गवाह है कि अँग्रेजों के आगमन के पूर्व देश किस कुशासन और जड़ता के दौर से गुजरा था। भरतीयों के लिए (खासकर हिंदुओं के लिए) उसकी तुलना में अँगरेजी शासन बहुत अच्छा था। इसी लिए भारतेंदु को कहना पड़ा : *'अँगरेज राज सुख साज सजे सब भारी। पै धन बिदेश चलि जात इहै अति ख्वारी।'* आम आदमी – आम नागरिक के लिए सबसे जरूरी है सुशासन। उस पर शासन करने वाला अपना है या पराया, इससे उसे कुछ खास सरोकार नहीं होता। उसे इससे कुछ खास फर्क नहीं पड़ता। भारतेंदु को अँगरेज राज

से कोई शिकायत नहीं है। उसके पहले भी देश पराधीन था। आज भी पराधीन है। फिर भी, उनके लिए राहत की बात यह है कि आज सुशासन है। परंतु, साथ ही इस बात का भी दुख है कि देश का सारा धन विदेश चला जा रहा है। कोई कुछ कर सकने की स्थिति में न था। सारा देश सत्त्वहीन हो चुका था। अँगरेजी शिक्षा के प्रभाव से वह जड़ता धीरे-धीरे टूटने लगी थी। देश का नवशिक्षित वर्ग अपनी स्थिति को समझने लगा था। वह अपनी दुर्दशा के कारणों को समझने लगा था। अपने पतन के कारणों को समझने लगा था। उसके सामने सबसे बड़ी चुनौती थी अपनी कमजोरियों से मुक्ति की। नाटक के छठे अंक में भारतभाग्य (स्वयं भारतेंदु) भारत (अपने देशबंधुओं) से कहता है : *'हाय, भारत भैया, देखो विद्या का सूर्य पश्चिम से उदय हुआ चला आता है। अब सोने का समय नहीं है। अँगरेज का राज पाकर भी न जगे तो कब जागोगे। मूर्खों के प्रचंड शासन के दिन गए। अब राजा ने प्रजा का स्वत्व पहचाना। विद्या की चर्चा फैल चली। सबको सब कुछ कहने सुनने का अधिकार मिला। देश-विदेश से नई विद्या और कारीगरी आई। तुमको उस पर भी वही सीधी बातें, भाँग के गोले, ग्रामगीत, वही बाल्यविवाह, भूत-प्रेत की पूजा, जन्मपत्री की विधि! वही थोड़े में संतोष, गप हाँकने में प्रीति और सत्यानाशी चालें!'*

यही बात भारतेंदु के समकालीन पं. बालकृष्ण भट्ट 'नए तरह का जनून' नामक अपने निबंध में कहते हैं : *'गवर्नमेंट के कानून की जागती ज्योति सोलहों कलापूर्ण जगमगा रही है। न्याय और इनसाफ सबके लिए एक-सा खुला है। शेर-बकरी एक घाट पानी पीते हैं। किसी पर किसी का अन्याय और अत्याचार नहीं चल सकता। एक-एक आदमी आजाद और स्वच्छंद है। ऐसा सुभीता पाकर जब हमने न कुछ किया, तब सिवाय इसके और क्या कहा जाए कि हमारी बराबर घस्सड़ कौम दूसरी कोई नहीं है।'*

भारतेंदु इस बात से खुश हैं कि मूर्खों के प्रचंड शासन के दिन गए। राजा ने प्रजा के स्वत्व को पहचान लिया है और सबको सब कुछ कहने का अधिकार मिला है। कहने की जरूरत नहीं कि 'मूर्खों के प्रचंड शासन' से भारतेंदु का क्या आशय है? उनके लिए इतनी ही खुशी कम नहीं है। इसलिए देशभक्ति तथा देशप्रेम के आज के मानदंड के आधार पर भारतेंदु को राजभक्त कहकर उनके महत्त्व को कम करना उनके साथ ज्यादती ही कही जाएगी।

आज से 140 साल पहले लिखा गया यह लघु नाटक अपनी गहन संवेदना, विषय-वस्तु की व्यापकता तथा प्रभावोत्पादक शैली के चलते क्या आज भी

प्रासंगिक नहीं लगता? क्या आज भी हम आर्थिक गुलामी के शिकार नहीं हैं? क्या आज हम टोना-टोटका, धार्मिक अंधविश्वास, मंदिर-मस्जिद के झगड़े, बेईमानी, भ्रष्टाचार, लूट-खसोट, आपसी वैर-विरोध, सामाजिक कलह, जातिगत भेदभाव से मुक्त हो चुके हैं? यदि नहीं तो यह नाटक आज भी ललकारता और धिक्कारता है।

योगेन्द्रनाथ मिश्र

॥ भारतदुर्दशा ॥

॥ मंगलाचरण ॥

जय सतजुग-थापन-करन, नासन म्लेच्छ-आचार।
कठिन धार तरवार कर, कृष्ण कल्कि अवतार॥

पहिला अंक

स्थान - बीथी

(एक योगी गाता है)

(लावनी)

रोअहु सब मिलिकै आवहु भारत भाई।
हा हा! भारतदुर्दशा न देखी जाई॥ ध्रुव॥
सबके पहिले जेहि ईश्वर धन बल दीनो।
सबके पहिले जेहि सभ्य विधाता कीनो॥
सबके पहिले जो रूप रंग रस भीनो।
सबके पहिले विद्याफल जिन गहि लीनो॥
अब सबके पीछे सोई परत लखाई।
हा हा! भारतदुर्दशा न देखी जाई॥
जहँ भए शाक्य हरिचंदरु नहुष ययाती।
जहँ राम युधिष्ठिर बासुदेव सर्याती॥
जहँ भीम करन अर्जुन की छटा दिखाती।
तहँ रही मूढ़ता कलह अविद्या राती॥
अब जहँ देखहु दुःखहिं दुःख दिखाई।

हा हा! भारतदुर्दशा न देखी जाई ॥
लरि बैदिक जैन डुबाई पुस्तक सारी।
करि कलह बुलाई जवनसैन पुनि भारी ॥
तिन नासी बुधि बल विद्या धन बहु बारी।
छाई अब आलस कुमति कलह अँधियारी ॥
भए अंध पंगु सब दीन हीन बिलखाई।
हा हा! भारतदुर्दशा न देखी जाई ॥
अँगरेजराज सुख साज सजे सब भारी।
पै धन बिदेश चलि जात इहै अति ख्वारी ॥
ताहू पै महँगी काल रोग बिस्तारी।
दिन दिन दूने दुःख ईस देत हा हा री ॥
सबके ऊपर टिक्कस की आफत आई।
हा हा! भारतदुर्दशा न देखी जाई ॥

(पटोत्तोलन)

◆◆◆◆◆

दूसरा अंक

स्थान–श्मशान, टूटे-फूटे मंदिर

कौआ, कुत्ता, स्यार घूमते हुए, अस्थि इधर-उधर पड़ी है।

(भारत* का प्रवेश)

भारत : हा! यही वही भूमि है जहाँ साक्षात् भगवान् श्रीकृष्णचंद्र के दूतत्व करने पर भी वीरोत्तम दुर्योधन ने कहा था, 'सूच्यग्रं नैव दास्यामि विना युद्धेन केशव' और आज हम उसी को देखते हैं कि श्मशान हो रही है। अरे यहाँ की योग्यता, विद्या, सभ्यता, उद्योग, उदारता, धन, बल, मान, दृढ़चित्तता, सत्य सब कहाँ गए? अरे पामर जयचद्र! तेरे उत्पन्न हुए बिना मेरा क्या डूबा जाता था? हाय! अब मुझे कोई शरण देने वाला नहीं। (रोता है) मातः राजराजेश्वरि विजयिनी! मुझे बचाओ। अपनाए की लाज रक्खो। अरे दैव ने सब कुछ मेरा नाश कर दिया पर अभी संतुष्ट नहीं हुआ। हाय! मैंने जाना था कि अँगरेजों के हाथ में आकर हम अपने दुखी मन को पुस्तकों से बहलावेंगे और सुख मानकर जन्म बितावेंगे पर दैव से वह भी न सहा गया। हाय! कोई बचानेवाला नहीं।

(गीत)

कोऊ नहिं पकरत मेरो हाथ।
बीस कोटि सुत होत फिरत मैं हा हा होय अनाथ॥
जाकी सरन गहत सोई मारत सुनत न कोउ दुखगाथ।
दीन बन्यौ इत सों उत डोलत टकरावत निज माथ॥
दिन दिन बिपति बढ़त सुख छीजत देत कोऊ नहिं साथ।
सब विधि दुख सागर मैं डूबत धाइ उबारौ नाथ॥

---

* फटे कपड़े पहिने, सिर पर अर्ध किरीट, हाथ में टेकने की छड़ी, शिथिल अंग।

(नेपथ्य में गंभीर और कठोर स्वर से)

अब भी तुझको अपने नाथ का भरोसा है! खड़ा तो रह। अभी मैंने तेरी आशा की जड़ न खोद डाली तो मेरा नाम नहीं।

भारत : (डरता और काँपता हुआ रोकर) अरे, यह विकराल वदन कौन मुँह बाए मेरी ओर दौड़ता चला आता है? हाय-हाय इससे कैसे बचेंगे? अरे यह तो मेरा एक ही कौर कर जायेगा! हाय! परमेश्वर बैकुंठ में और राजराजेश्वरी सात समुद्र पार, अब मेरी कौन दशा होगी? हाय अब मेरे प्राण कौन बचावेगा? अब कोई उपाय नहीं। अब मरा अब मरा। (मूर्छा खाकर गिरता है)

(निर्लज्जता[1] आती है)

निर्लज्जता : मेरे आछत तुमको अपने प्राण की फिक्र। छिः छिः! जीओगे तो भीख माँग खाओगे। प्राण देना तो कायरों का काम है। क्या हुआ जो धनमान सब गया 'एक जिंदगी हजार नेआमत है।' (देखकर) अरे सचमुच बेहोश हो गया तो उठा ले चलें। नहीं नहीं मुझसे अकेले न उठेगा। (नेपथ्य की ओर) आशा! आशा! जल्दी आओ।

(आशा[2] आती है)

निर्लज्जता : यह देखो भारत मरता है, जल्दी इसे घर उठा ले चलो।

आशा : मेरे आछत किसी ने भी प्राण दिया है? ले चलो; अभी जिलाती हूँ।

(दोनों उठाकर भारत को ले जाते हैं)

◆◆◆◆◆

1. जाँघिया–सिर खुला–ऊँची चोली–दुपट्टा ऐसा गिरता पड़ता कि अंग खुले, सिर खुला, खानगियों का सा वेष।
2. लड़की के वेष में।

तीसरा अंक

स्थान—मैदान

(फौज के डेरे दिखाई पड़ते हैं! भारतदुर्दैव* आता है)

भारतदु. : कहाँ गया भारत मूर्ख! जिसको अब भी परमेश्वर और राजराजेश्वरी का भरोसा है? देखो तो अभी इसकी क्या-क्या दुर्दशा होती है।

(नाचता और गाता हुआ)

अरे!
उपजा ईश्वर कोप से औ आया भारत बीच।
छार खार सब हिंद करूँ मैं, तो उत्तम नहिं नीच।
मुझे तुम सहज न जानो जी, मुझे इक राक्षस मानो जी।
कौड़ी कौड़ी को करूँ मैं सबको मुहताज।
भूखे प्रान निकालूँ इनका, तो मैं सच्चा राज। मुझे.
काल भी लाऊँ महँगी लाऊँ, और बुलाऊँ रोग।
पानी उलटाकर बरसाऊँ, छाऊँ जग में सोग। मुझे.
फूट बैर औ कलह बुलाऊँ, ल्याऊँ सुस्ती जोर।
घर घर में आलस फैलाऊँ, छाऊँ दुख घनघोर। मुझे.
काफर काला नीच पुकारूँ, तोड़ूँ पैर औ हाथ।
दूँ इनको संतोष खुशामद, कायरता भी साथ। मुझे.
मरी बुलाऊँ देस उजाड़ूँ महँगा करके अन्न।
सबके ऊपर टिकस लगाऊँ, धन है मुझको छन्न।
मुझे तुम सहज न जानो जी, मुझे इक राक्षस मानो जी।

(नाचता है)

---

* क्रूर, आधा क्रिस्तानी आधा मुसलमानी वेष, हाथ में नंगी तलवार लिए।

अब भारत कहाँ जाता है, ले लिया है। एक तस्सा बाकी है, अबकी हाथ में वह भी साफ है। भला हमारे बिना और ऐसा कौन कर सकता है कि अँगरेजी अमलदारी में भी हिंदू न सुधरें! लिया भी तो अँगरेजों से औगुन! हा हाहा! कुछ पढ़े लिखे मिलकर देश सुधारा चाहते हैं? हहा हहा! एक चने से भाड़ फोड़ेंगे। ऐसे लोगों को दमन करने को मैं जिले के हाकिमों को न हुक्म दूँगा कि इनको डिसलायल्टी में पकड़ो और ऐसे लोगों को हर तरह से खारिज करके जितना जो बड़ा मेरा मित्र हो उसको उतना बड़ा मेडल और खिताब दो। हैं! हमारी पालिसी के विरुद्ध उद्योग करते हैं मूर्ख! यह क्यों? मैं अपनी फौज ही भेज के न सब चौपट करता हूँ। (नेपथ्य की ओर देखकर) अरे कोई है? सत्यानाश फौजदार को तो भेजो।

(नेपथ्य में से 'जो आज्ञा' का शब्द सुनाई पड़ता है)

देखो मैं क्या करता हूँ। किधर-किधर भागेंगे।

(सत्यानाश फौजदार आते हैं)

(नाचता हुआ)

सत्या. फौ. : **हमारा नाम है सत्यानास। आए हैं राजा के हम पास।**
धरके हम लाखों ही भेस। किया चौपट यह सारा देस।
बहुत हमने फैलाए धर्म। बढ़ाया छुआछूत का कर्म।
होके जयचंद हमने इक बार। खोल ही दिया हिंद का द्वार।
हलाकू चंगेजो तैमूर। हमारे अदना अदना सूर।
दुरानी अहमद नादिरसाह। फौज के मेर तुच्छ सिपाह।
हैं हममें तीनों कल बल छल। इसी से कुछ नहिं सकती चल।
पिलावैंगे हम खूब शराब। करैंगे सबको आज खराब।

भारतदु. : अहा, सत्यानाशजी आए। आओ, देखो अभी फौज को हुक्म दो कि सब लोग मिल के चारों ओर से हिंदुस्तान को घेर लें। जो पहले से घेरे हैं उनके सिवा औरों को भी आज्ञा दो कि बढ़ चलें।

सत्या. फौ. : महाराज 'इंद्रजीत सन जो कछु भाखा।' सो सब जनु पहिलहिं करि राखा।' जिनको आज्ञा हो चुकी है वे तो अपना काम कर ही चुके और जिसको जो हुक्म हो, कर दिया जाय।

भारतदु. : किसने किसने क्या क्या किया है?

सत्या. फौ. : महाराज! धर्म ने सबके पहिले सेवा की।

रचि बहु बिधि के वाक्य पुरानन माँहि घुसाए।
शैव शाक्त वैष्णव अनेक मत प्रगटि चलाए॥
जाति अनेकन करी नीच अरु ऊँच बनायो।
खान पान संबंध सबन सों बरजि छुड़ायो॥
जन्मपत्र विधि मिले ब्याह नहिं होन देत अब।
बालकपन में ब्याहि प्रीतिबल नास कियो सब॥
करि कुलीन के बहुत ब्याह बल बीरज मार्यो।
बिधवा ब्याह निषेध कियो बिभिचार प्रचारयो॥
रोकि विलायतगमन कूपमंडूक बनायो।
औरन को संसर्ग छुड़ाइ प्रचार घटायो॥
बहु देवी देवता भूत प्रेतादि पुजाई।
ईश्वर सो सब बिमुख किए हिंदू घबराई॥

भारतदु. : आहा! हाहा! शाबाश! शाबाश! हाँ, और भी कुछ धर्म्म ने किया?

सत्या. फौ. : हाँ महाराज।

अपरस सोल्हा छूत रचि, भोजनप्रीति छुड़ाय।
किए तीन तेरह सबै, चौका चौका छाय॥

भारतदु. : और भी कुछ?

सत्या. फौ. : हाँ।

रचिकै मत वेदांत को, सबको ब्रह्म बनाय।
हिंदुन पुरुषोत्तम कियो, तोरि हाथ अरु पाय॥

महाराज, वेदांत ने बड़ा ही उपकार किया। सब हिंदू ब्रह्म हो गए। किसी को इतिकर्त्तव्यता बाकी ही न रही। ज्ञानी बनकर ईश्वर से विमुख हुए, रुक्ष हुए, अभिमानी हुए और इसी से स्नेहशून्य हो गए। जब स्नेह ही नहीं तब देशोद्धार का प्रयत्न कहाँ! बस, जय शंकर की।

भारतदु. : अच्छा, और किसने किसने क्या किया?

सत्या. फौ. : महाराज, फिर संतोष ने भी बड़ा काम किया। राजा प्रजा सबको अपना चेला बना लिया। अब हिंदुओं को खाने मात्र से काम, देश से कुछ काम नहीं। राज न रहा, पेनसन ही सही। रोजगार न रहा, सूद ही सही। वह भी नहीं, तो घर ही का सही, 'संतोषं परमं सुखं' रोटी ही को सराह सराह के खाते हैं। उद्यम की ओर देखते ही नहीं।

निरुद्यमता ने भी संतोष को बड़ी सहायता दी। इन दोनों को बहादुरी का मेडल जरूर मिलें। व्यापार को इन्हीं ने मार गिराया।

भारतदु. : और किसने क्या किया?

सत्या. फौ. : फिर महाराज जो धन की सेना बची थी उसको जीतने को भी मैंने बड़े बाँके वीर भेजे। अपव्यय, अदालत, फैशन और सिफारिश इन चारों ने सारी दुश्मन की फौज तितिर बितिर कर दी। अपव्यय ने खूब लूट मचाई। अदालत ने भी अच्छे हाथ साफ किए। फैशन ने तो बिल और टोटल के इतने गोले मारे कि अंटाधार कर दिया और सिफारिश ने भी खूब ही छकाया। पूरब से पश्चिम और पश्चिम से पूरब तक पीछा करके खूब भगाया। तुहफे, घूस और चंदे के ऐसे बम के गोले चलाए कि 'बम बोल गई बाबा की चारों दिसा' धूम निकल पड़ी। मोटा भाई बना बनाकर मूँड़ लिया। एक तो खुद ही यह सब पँड़िया के ताऊ, उस पर चुटकी बजी, खुशामद हुई, डर दिखाया गया, बराबरी का झगड़ा उठा, धाँय धाँय गिनी गई[1] वर्णमाला कंठ कराई,[2] बस हाथी के खाए कैथ हो गए। धन की सेना ऐसी भागी कि कब्रों में भी न बची, समुद्र के पार ही शरण मिली।

भारतदु. : और भला कुछ लोग छिपाकर भी दुश्मनों की ओर भेजे थे?

सत्या. फौ. : हाँ, सुनिए। फूट, डाह, लोभ, भय, उपेक्षा, स्वार्थपरता, पक्षपात, हठ, शोक, अश्रुमार्जन और निर्बलता इन एक दरजन दूती और दूतों को शत्रुओं की फौज में हिला मिलाकर ऐसा पंचामृत बनाया कि सारे शत्रु बिना मारे घंटा पर के गरुड़ हो गए। फिर अंत में भिन्नता गई। इसने ऐसा सबको काई की तरह फाड़ा कि धर्म, चाल, व्यवहार, खाना, पीना सब एक एक योजन पर अलग अलग कर दिया। अब आवें बचा ऐक्य! देखें आ ही के क्या करते हैं!

भारतदु. : भला भारत का शस्य नामक फौजदार अभी जीता है कि मर गया? उसकी पलटन कैसी है?

सत्या. फौ. : महाराज! उसका बल तो आपकी अतिवृष्टि और अनावृष्टि नामक फौजों ने बिलकुल तोड़ दिया। लाही, कीड़े, टिड्डी और पाला इत्यादि सिपाहियों ने खूब ही सहायता की। बीच में नील ने भी नील बनकर

---

1. सलामी मिली।
2. पी. आई. ई. आदि उपाधियाँ मिलीं।

अच्छा लंकादहन किया।

भारतदु. : वाह! वाह! बड़े आनंद की बात सुनाई। तो अच्छा तुम जाओ। कुछ परवाह नहीं, अब ले लिया है। बाकी साकी अभी सपराए डालता हूँ। अब भारत कहाँ जाता है। तुम होशियार रहना और रोग, महर्घ, कर, मद्य, आलस और अंधकार को जरा क्रम से मेरे पास भेज दो।

सत्या. फौ. : जो आज्ञा।

[जाता है]

भारतदु. : अब उसको कहीं शरण न मिलेगी। धन, बल और विद्या तीनों गई। अब किसके बल कूदेगा?

(जवनिका गिरती है)

पटोत्तोलन

◆◆◆◆◆

चौथा अंक

(कमरा अँगरेजी सजा हुआ, मेज, कुरसी लगी हुई।
कुरसी पर भारतदुर्दैव बैठा है)
(रोग का प्रवेश)

रोग : **(गाता हुआ) जगत् सब मानत मेरी आन।**
मेरी ही टट्टी रचि खेलत नित सिकार भगवान॥
मृत्यु कलंक मिटावत मैं ही मौसम और न आन।
परम पिता हमहीं वैद्यन के अत्तारन के प्रान॥
मेरा प्रभाव जगत विदित है। कुपथ्य का मित्र और पथ्य का शत्रु मैं ही हूँ। त्रैलोक्य में ऐसा कौन है जिस पर मेरा प्रभुत्व नहीं। नजर, श्राप, प्रेत, टोना, टनमन, देवी, देवता सब मेरे ही नामांतर हैं। मेरी ही बदौलत ओझा, दरसनिए, सयाने, पंडित, सिद्ध लोगों को ठगते हैं। (आतंक से) भला मेरे प्रबल प्रताप को ऐसा कौन है जो निवारण करे। हह! चुंगी की कमेटी सफाई करके मेरा निवारण करना चाहती है, यह नहीं जानती कि जितनी सड़क चौड़ी होगी उतने ही हम भी 'जस जस सुरसा बदन बढ़ावा। तासु दुगुन कपि रूप दिखावा'। (भारतदुदैव को देखकर) महाराज! क्या आज्ञा है?

भारतदु. : आज्ञा क्या है, भारत को चारों ओर से घेर लो।

रोग : महाराज! भारत तो अब मेरे प्रवेशमात्र से मर जायेगा। घेरने का कौन काम है? धन्वंतरि और काशिराज दिवोदास का अब समय नहीं है। और न सुश्रुत, वाग्भट्ट, चरक ही हैं। बैदगी अब केवल जीविका के हेतु बची है। काल के बल से औषधों के गुणों और लोगों की प्रकृति में भी भेद पड़ गया। बस अब हमें कौन जीतेगा और फिर हम ऐसी सेना भेजेंगे जिनका भारतवासियों ने कभी नाम तो सुना ही न होगा;

तब भला वे उसका प्रतिकार क्या करेंगे! हम भेजेंगे विस्फोटक, हैजा, डेंगू, अपाप्लेक्सी। भला इनको हिंदू लोग क्या रोकेंगे? ये किधर से चढ़ाई करते हैं और कैसे लड़ते हैं जानेंगे तो हई नहीं, फिर छुट्टी हुई वरंच महाराज, इन्हीं से मारे जायँगे और इन्हीं को देवता करके पूजेंगे, यहाँ तक कि मेरे शत्रु डाक्टर और विद्वान् इसी विस्फोटक के नाश का उपाय टीका लगाना इत्यादि कहेंगे तो भी ये सब उसको शीतला के डर से न मानेंगे और उपाय आछत अपने हाथ प्यारे बच्चों की जान लेंगे।

भारतदु. : तो अच्छा तुम जाओ। महर्घ और टिकस भी यहाँ आते होंगे सो उनको साथ लिए जाओ। अतिवृष्टि, अनावृष्टि की सेना भी वहाँ जा चुकी है। अनक्य और अंधकार की सहायता से तुम्हें कोई भी रोक न सकेगा। यह लो पान का बीड़ा लो। (बीड़ा देता है)

(रोग बीड़ा लेकर प्रणाम करके जाता है)

भारतदु. : बस, अब कुछ चिंता नहीं, चारों ओर से तो मेरी सेना ने उसको घेर लिया अब कहाँ बच सकता है।

(आलस्य का प्रवेश[1])

आलस्य : हहा! एक पोस्ती ने कहा; पोस्ती ने पी पोस्त नौ दिन चले अढ़ाई कोस। दूसरे ने जवाब दिया, अबे वह पोस्ती न होगा डाक का हरकारा होगा। पोस्ती ने जब पोस्त पी तो या कूँड़ी के उस पार या इस पार ठीक है। एक बारी में हमारे दो चेले लेटे थे ओर उसी राह से एक सवार जाता था। पहिले ने पुकारा "भाई सवार, सवार, यह पक्का आम टपक कर मेरी छाती पर पड़ा है, जरा मेरे मुँह में तो डाल।" सवार ने कहा "अजी तुम बड़े आलसी हो। तुम्हारी छाती पर आम पड़ा है सिर्फ हाथ से उठाकर मुँह में डालने में यह आलस है!" दूसरा बोला ठीक है साहब, यह बड़ा ही आलसी है। रात भर कुत्ता मेरा मुँह चाटा किया और यह पास ही पड़ा था पर इसने न हाँका।" सच है किस जिंदगी के वास्ते तकलीफ उठाना; मजे में हालमस्त पड़े रहना। सुख केवल हम में है 'आलसी पड़े कुएँ में वहीं चैन है।'

(गाता है)

1. मोटा आदमी जँभाई लेता हुआ धीरे-धीरे आवेगा।

(गजल)

दुनिया में हाथ पैर हिलाना नहीं अच्छा।
मर जाना पै उठके कहीं जाना नहीं अच्छा॥
बिस्तर पै मिस्ले लोथ पड़े रहना हमेशा।
बंदर की तरह धूम मचाना नहीं अच्छा॥
रहने दो जमीं पर मुझे आराम यहीं है।
छेड़ो न नक्शेपा हैं मिटाना नहीं अच्छा॥
उठ करके घर से कौन चले यार के घर तक।
मौत अच्छी है पर दिल का लगाना नहीं अच्छा॥
धोती भी पहिने जब कि कोई गैर पिन्हा दे।
उमरा को हाथ पैर चलाना नहीं अच्छा॥
सिर भारी चीज है इसे तकलीफ हो तो हो।
पर जीभ विचारी को सताना नहीं अच्छा॥
फाकों से मरिए पर न कोई काम कीजिए।
दुनिया नहीं अच्छी है जमाना नहीं अच्छा॥
सिजदे से गर बिहिश्त मिले दूर कीजिए।
दोजख ही सही सिर का झुकाना नहीं अच्छा॥
मिल जाय हिंद खाक में हम काहिलों को क्या।
ऐ मीरे फर्श रंज उठाना नहीं अच्छा॥

और क्या। काजी जी दुबले क्यों, कहैं शहर के अंदेशे से। अरे 'कोउ नृप होउ हमें का हानी, चेरि छाँड़ि नहिं होउब रानी।' आनंद से जन्म बिताना। 'अजगर करै न चाकरी, पंछी करै न काम। दास मलूका कह गए, सबके दाता राम।।' 'जो पढ़तव्यं सो मरतव्यं, जो न पढतव्यं सो भी मरतव्यं' तब फिर दंतकटाकट किं कर्तव्यं?' भई जात में ब्राह्मण, धर्म में वैरागी, रोजगार में सूद और दिल्लगी में गप सब से अच्छी। घर बैठे जन्म बिताना, न कहीं जाना और न कहीं आना बस खाना, हगना, मूतना, सोना, बात बनाना, तान मारना और मस्त रहना। अमीर के सर पर और क्या सुरखाब का पर होता है, जो कोई काम न करे वही अमीर। 'तवंगरी बदिलस्त न बमाल।'[1] दोई तो

1. अमीर हृदय से है, धन से नहीं है!

मस्त हैं या मालमस्त या हालमस्त। (भारतदुर्दैव को देखकर उसके पास जाकर प्रणाम करके) महाराज! मैं सुख से सोया था कि आपकी आज्ञा पहुँची, ज्यों त्यों कर यहाँ हाजिर हुआ। अब हुक्म?

भारतदु. : तुम्हारे और साथी सब हिंदुस्तान की ओर भेजे गए हैं। तुम भी वहीं जाओ और अपनी जोगनिंद्रा से सब को अपने वश में करो।

आलस्य : बहुत अच्छा। (आप ही आप) आह रे बप्पा! अब हिंदुस्तान में जाना पड़ा। तब चलो धीरे-धीरे चलें। हुक्म न मानेंगे तो लोग कहेंगे 'सरबस खाइ भोग करि नाना। समरभूमि भा दुरलभ प्राना।' अरे करने को दैव आप ही करेगा, हमारा कौन काम है, पर चलें।

(यही सब बुड़बुडाता हुआ जाता है)

(मदिरा[2] आती है)

मदिरा : भगवान् सोम की मैं कन्या हूँ। प्रथम वेदों ने मधु नाम से मुझे आदर दिया। फिर देवताओं की प्रिया होने से मैं सुरा कहलाई और मेरे प्रचार के हेतु श्रौत्रामणि यज्ञ की सृष्टि हुई। स्मृति और पुराणों में भी प्रवृत्ति मेरी नित्य कही गई। तंत्र तो केवल मेरी ही हेतु बने। संसार में चार मत बहुत प्रबल हैं, हिंदू, बौद्ध, मुसलमान और क्रिस्तान। इन चारों में मेरी चार पवित्र प्रेममूर्ति विराजमान हैं। सोमपान, वीराचमन, शराबेतहूरा और बापटैजिंग वाइन। भला कोई कहे तो इनको अशुद्ध? या जो पशु हैं उन्होंने अशुद्ध कहा ही तो क्या! हमारे चाहनेवालों के आगे वे लोग बहुत होंगे तो फी सैकड़े दस होंगे, जगत् में तो हम व्याप्त हैं। हमारे चेले लोग सदा यही कहा करते हैं। फिर सरकार के राज्य के तो हम एकमात्र भूषण हैं।

दूध सुरा दधिहू सुरा, सुरा अन्न धन धाम।
वेद सुरा ईश्वर सुरा, सुरा स्वर्ग को नाम॥
जाति सुरा विद्या सुरा, बिनु मद रहै न कोय।
सुधरी आजादी सुरा, जगत् सुरामय होय॥
ब्राह्मण क्षत्री वैश्य अरु, सैयद सेख पठान।
दै बताइ मोहि कौन जो, करत न मदिरा पान॥
पियत भट्ट के ठट्ट अरु, गुजरातिन के वृंद।

2. साँवली-सी स्त्री, लाल कपड़ा सोने का गहना, पैर में घुँघुँरू।

गौतम पियत अनंद सों, पियत अग्र के नंद॥
होटल में मदिरा पिएँ, चोट लगे नहिं लाज।
लोट लए ठाढ़े रहत, होटल दैवे काज॥
कोउ कहत मद नहिं पिएँ, तो कछु लिख्यो न जाय।
कोउ कहत हम मद्य बल, करत वकीली आय॥
मद्यहि के परभाव सों, रचन अनेकन ग्रंथ।
मद्यहि के परकास सों, लखत धरम को पंथ॥
मद पी विधिजग को करत, पालत हरि करि पान।
मद्यहि पी कै नाश सब, करत शंभु भगवान्॥
विष्णु बारुणी, पोर्ट पुरुषोत्तम, मद्य मुरारि।
शांपिन शिव गौड़ी गिरिश, ब्रांडी ब्रह्म बिचारि॥
मेरी तो धन बुद्धि बल, कुल लज्जा पति गेह।
माय बाप सुत धर्म सब, मदिरा ही न सँदेह॥
सोक हरन आनँद करन, उमगावन सब गात।
हरि मैं तपबिनु लय करनि, केवल मद्य लखात॥
सरकारहि मंजूर जो मेरा होत उपाय।
तो सब सों बढ़ि मद्य पै देती कर बैठाय॥
हमहीं कों या राज की, परम निसानी जान।
कीर्ति खंभ सी जग गड़ी, जब लौं थिर सित भान॥
राजमहल के चिन्ह नहिं, मिलिहैं जग इत कोय।
तबहू बोतल टूक बहु, मिलिहैं कीरति होय॥

हमारी प्रवृत्ति के हेतु कुछ यत्न करने की आवश्यकता नहीं। मनु पुकारते हैं 'प्रवृत्तिरेषा भूतानां' और भागवत में कहा है 'लोके व्यवायामिषमद्यसेवा नित्यास्ति जंतोः।' उस पर भी वर्तमान समय की सभ्यता की तो मैं मुख्यमूलसूत्र हूँ। विषयेंद्रियों के सुखानुभव मेरे कारण द्विगुणित हो जाते हैं। संगीत साहित्य की तो एकमात्र जननी हूँ। फिर ऐसा कौन है जो मुझसे विमुख हो?

(गाती है)

(राग काफी, धनाश्री का मेल, ताल धमार)

मदवा पीले पागल जीवन बीत्यौ जात।

बिनु मद जगत सार कछु नाहीं मान हमारी बात ॥
पी प्याला छक छक आनँद से नितहि साँझ और प्रात।
झूमत चल डगमगी चाल से मारि लाज को लात ॥
हाथी मच्छड़, सूरज जुगुनू जाके पिए लखात।
ऐसी सिद्धि छोड़ि मन मूरख काहे ठोकर खात ॥

(राजा को देखकर) महाराज! कहिए क्या हुक्म है?

भारतदु. : हमने बहुत से अपने वीर हिंदुस्तान में भेजे हैं। परंतु मुझको तुमसे जितनी आशा है उतनी और किसी से नहीं है। जरा तुम भी हिंदुस्तान की तरफ जाओ और हिंदुओं से समझो तो।

मदिरा : हिंदुओं के तो मैं मुद्दत से मुँहलगी हूँ, अब आपकी आज्ञा से और भी अपना जाल फैलाऊँगी और छोटे बड़े सबके गले का हार बन जाऊँगी।

(जाती है)

(रंगशाला के दीपों में से अनेक बुझा दिए जायँगे)

(अंधकार का प्रवेश)

(आँधी आने की भाँति शब्द सुनाई पड़ता है)

अंधकार : (गाता हुआ स्खलित नृत्य करता है)

(राग काफी)

जै जै कलियुग राज की, जै महामोह महराज की।
अटल छत्र सिर फिरत थाप जग मानत जाके काज की ॥
कलह अविद्या मोह मूढ़ता सबै नास के साज की ॥

हमारा सृष्टि संहार कारक भगवान् तमोगुण जी से जन्म है। चोर, उलूक और लंपटों के हम एकमात्र जीवन हैं। पर्वतों की गुहा, शोकितों के नेत्र, मूर्खों के मस्तिष्क और खलों के चित्त में हमारा निवास है। हृदय के और प्रत्यक्ष, चारों नेत्र हमारे प्रताप से बेकाम हो जाते हैं। हमारे दो स्वरूप हैं, एक आध्यात्मिक और एक आधिभौतिक, जो लोक में अज्ञान और अँधेरे के नाम से प्रसिद्ध हैं। सुनते हैं कि भारतवर्ष में भेजने को मुझे मेरे परम पूज्य मित्र दुर्दैव महाराज ने आज बुलाया है। चलें, देखें क्या कहते हैं (आगे बढ़कर) महाराज की जय हो, कहिए क्या अनुमति है?

भारतदु. : आओ मित्र! तुम्हारे बिना तो सब सूना था। यद्यपि मैंने अपने बहुत से लोग भारत विजय को भेजे हैं पर तुम्हारे बिना सब निर्बल हैं। मुझको तुम्हारा बड़ा भरोसा है, अब तुमको भी वहाँ जाना होगा।

अंध. : आपके काम के वास्ते भारत क्या वस्तु है, कहिए मैं विलायत जाऊँ।

भारतदु. : नहीं, विलायत जाने का अभी समय नहीं, अभी वहाँ त्रेता, द्वापर है।

अंध. : नहीं, मैंने एक बात कही। भला जब तक वहाँ दुष्टा विद्या का प्राबल्य है, मैं वहाँ जाही के क्या करूँगा? गैस और मैगनीशिया से मेरी प्रतिष्ठा भंग न हो जायेगी।

भारतदु. : हाँ, तो तुम हिंदुस्तान में जाओ और जिसमें हमारा हित हो सो करो। बस 'बहुत बुझाई तुमहिं का कहऊँ, परम चतुर मैं जानत अहऊँ।'

अंध : बहुत अच्छा, मैं चला। बस जाते ही देखिए क्या करता हूँ। (नेपथ्य में बैतालिक गान और गीत की समाप्ति में क्रम से पूर्ण अंधकार और पटाक्षेप)

निहचै भारत को अब नास।

जब महराज विमुख उनसों तुम निज मति करी प्रकास॥
अब कहुँ सरन तिन्हैं नहिं मिलिहै ह्वैहै सब बल चूर।
बुधि विद्या धन धान सबै अब तिनको मिलिहैं धूर॥
अब नहिं राम धर्म अर्जुन नहिं शाक्यसिंह अरू व्यास।
करिहै कौन पराक्रम इनमें को देहे अब आस॥
सेवाजी रनजीत सिंहहू अब नहिं बाकी जौन।
करिहैं कछू नाम भारत को अब तो हैं नृप मौन॥
वही उदैपुर जैपुर रीवाँ पन्ना आदिक राज।
परबस भए न सोच सकहिं कछू करि निज बल बेकाज॥
अँगरेजहु को राज पाइकै रहे कूढ़ के कूढ़।
स्वारथ पर विभिन्न-मति-भूले हिंदू सब ह्वै मूढ़॥
जग के देस बढ़त बदि बदि के सब बाजी जेहि काल।
ताहू समय रात इनकी है ऐसे ये बेहाल॥
छोटे चित अति भीरु बुद्धि मन चंचल बिगत उछाह।
उदर-भरन-रत, ईसबिमुख सब भए प्रजा नरनाह॥
इनसों कछू आस नहिं ये तो सब विधि बुधि-बल हीन।

बिना एकता-बुद्धि-कला के भए सबहि बिधि दीन ॥
बोझ लादि कै पैर छानि कै निज सुख करहु प्रहार।
ये रासभ से कछू नहिं कहिहैं मानहु छमा अगार ॥
हित अनहित पशु पक्षी जाना पै ये जानहिं नाहिं।
भूले रहत आपुने रँग मैं फँसे मूढ़ता माहिं ॥
जे न सुनहिं हित, भलो करहिं नहिं तिनसों आसा कौन।
डंका दै निज सैन साजि अब करहु उतै सब गौन ॥

(जवनिका गिरती है)

◆◆◆◆◆

पाँचवाँ अंक

स्थान—किताबखाना

(सात सभ्यों की एक छोटी-सी कमेटी; सभापति चक्करदार टोपी पहने, चश्मा लगाए, छड़ी लिए; छह सभ्यों में एक बंगाली, एक महाराष्ट्री, एक अखबार हाथ में लिए एडिटर, एक कवि और दो देशी महाशय)

सभापति : (खड़े होकर) सभ्यगण! आज की कमेटी का मुख्य उद्देश्य यह है कि भारतदुर्दैव की, सुना है कि हम लोगों पर चढ़ाई है। इस हेतु आप लोगों को उचित है कि मिलकर ऐसा उपाय सोचिए कि जिससे हम लोग इस भावी आपत्ति से बचें। जहाँ तक हो सके अपने देश की रक्षा करना ही हम लोगों का मुख्य धर्म है। आशा है कि आप सब लोग अपनी-अपनी अनुमति प्रगट करेंगे। (बैठ गए, करतलध्वनि)

बंगाली : (खड़े होकर) सभापति साहब जो बात बोला सो बहुत ठीक है। इसका पेशतर कि भारतदुर्दैव हम लोगों का शिर पर आ पड़े कोई उसके परिहार का उपाय सोचना अत्यंत आवश्यक है किंतु प्रश्न एई है जे हम लोग उसका दमन करने शाकता कि हमारा बोर्ज्जोबल के बाहर का बात है। क्यों नहीं शाकता? अलबत्त शकेगा, परंतु जो सब लोग एक मत्त होगा। (करतलध्वनि) देखो हमारा बंगाल में इसका अनेक उपाय शाधन होते हैं। ब्रिटिश इंडियन ऐसोशिएशन लीग इत्यादि अनेक शभा ही होते हैं। कोई थोड़ा भी बात होता हम लोग मिल के बड़ा गोल करते। गवर्नमेंट तो केवल गोलमाल से भय खाता। और कोई तरह नहीं शोनता। ओ हुँआ का अखबार वाला सब एक बार ऐसा शोर करता कि गवेर्नमेंट को अलबत्ता शुनने होता। किंतु हेंयाँ, हम देखते हैं कोई कुछ नहीं बोलता। आज शब आप सभ्य लोग एकत्र हैं, कुछ उपाय इसका अवश्य शोचना चाहिए। (उपवेशन)।

प. देशी : (धीरे से) यहीं, मगर जब तक कमेटी में हैं तभी तक। बाहर निकले कि फिर कुछ नहीं।

दू. देशी : [धीरे से] क्यों भाई साहब! इस कमेटी में आने से कमिश्नर हमारा नाम तो दरबार से खारिज न कर देंगे?

एडिटर : (खड़े होकर) हम अपने प्राणपण से भारत दुर्दैव को हटाने को तैयार हैं। हमने पहिले भी इस विषय में एक बार अपने पत्र में लिखा था परंतु यहाँ तो कोई सुनता ही नहीं। अब जब सिर पर आफत आई सो आप लोग उपाय सोचने लगे। भला अब भी कुछ नहीं बिगड़ा है जो कुछ सोचना हो जल्द सोचिए। (उपवेशन)

कवि : (खड़े होकर) मुहम्मदशाह से भाँड़ों ने दुश्मन को फौज से बचने का एक बहुत उत्तम उपाय कहा था। उन्होंने बतलाया कि नादिरशाह के मुकाबले में फौज न भेजी जाय। जमुना किनारे कनात खड़ी कर दी जायँ, कुछ लोग चूड़ी पहने कनात के पीछे खड़े रहें। जब फौज इस पार उतरने लगे, कनात के बाहर हाथ निकालकर उँगली चमकाकर कहें "मुए इधर न आइयो इधर जनाने हैं"। बस सब दुश्मन हट जायँगे। यही उपाय भारतदुर्दैव से बचने को क्यों न किया जाय।

बंगाली : (खड़े होकर) अलबत्त, यह भी एक उपाय है किंतु असभ्यगण आकर जो स्त्री लोगों का विचार न करके सहसा कनात को आक्रमण करेगा तो? (उपवेशन)

एडि. : (खड़े होकर) हमने एक दूसरा उपाय सोचा है, एडूकेशन की एक सेना बनाई जाय। कमेटी की फौज। अखबारों के शस्त्र और स्पीचों के गोले मारे जायँ। आप लोग क्या कहते हैं? (उपवेशन)

दू. देशी : मगर जो हाकिम लोग इससे नाराज हों तो? (उपवेशन)

बंगाली : हाकिम लोग काहे को नाराज होगा। हम लोग शदा चाहता कि अँगरेजों का राज्य उत्सन्न न हो, हम लोग केवल अपना बचाव करता। (उपवेशन)

महा. : परंतु इसके पूर्व यह होना अवश्य है कि गुप्त रीति से यह बात जाननी कि हाकिम लोग भारतदुर्दैव की सैन्य से मिल तो नहीं जायँगे।

दू. देशी : इस बात पर बहस करना ठीक नहीं। नाहक कहीं लेने के देने न पड़ें, अपना काम देखिए (उपवेशन और आप ही आप) हाँ, नहीं तो अभी कल

ही झाड़बाजी होय।

महा. : तो सार्वजनिक सभा का स्थापन करना। कपड़ा बीनने की कल मँगानी हिंदुस्तानी कपड़ा पहिनना। यह भी सब उपाय हैं।

दू. देशी : (धीरे से)–बनात छोड़कर गंजी पहिरेंगे, हें हें।

एडि. : परंतु अब समय थोड़ा है जल्दी उपाय सोचना चाहिए।

कवि : अच्छा तो एक उपाय यह सोचो कि सब हिंदू मात्र अपना फैशन छोड़कर कोट पतलून इत्यादि पहिरें जिसमें सब दुर्दैव की फौज आवे तो हम लोगों को योरोपियन जानकर छोड़ दें।

प. देशी : पर रंग गोरा कहाँ से लावेंगे?

बंगाली : हमारा देश में भारत उद्धार नामक एक नाटक बना है। उसमें अँगरेजों को निकाल देने का जो उपाय लिखा, सोई हम लोग दुर्दैव का वास्ते काहे न अवलंबन करें। ओ लिखता पाँच जन बंगाली मिल के अँगरेजों को निकाल देगा। उसमें एक तो पिशान लेकर स्वेज का नहर पाट देगा दूसरा बाँस काट काट के पिवरी नामक जलयंत्र विशेष बनावेगा। तीसरा उस जलयंत्र से अंगरेजों की आँख में धूर और पानी डालेगा।

महा. : नहीं नहीं, इस व्यर्थ की बात से क्या होना है। ऐसा उपाय करना जिससे फल सिद्धि हो।

प. देशी : (आप ही आप) हाय! यह कोई नहीं कहता कि सब लोग मिलकर एक चित्र हो विद्या की उन्नति करो, कला सीखो जिससे वास्तविक कुछ उन्नति हो। क्रमशः सब कुछ हो जायेगा।

एडि. : आप लोग नाहक इतना सोच करते हैं, हम ऐसे ऐसे आर्टिकिल लिखेंगे कि उसके देखते ही दुर्दैव भागेगा।

कवि : और हम ऐसी ही ऐसी कविता करेंगे।

प. देशी : पर उनके पढ़ने का और समझने का अभी संस्कार किसको है?

(नेपथ्य में से)

भागना मत, अभी मैं आती हूँ।

(सब डरके चौकन्ने से होकर इधर उधर देखते हैं)

दू. देशी : (बहुत डरकर) बाबा रे, जब हम कमेटी में चले थे तब पहिले ही छींक

---

1. पुलिस की वर्दी पहिने।

हुई थी। अब क्या करें। (टेबुल के नीचे छिपने का उद्योग करता है)

(डिसलायलटी[1] का प्रवेश)

सभापति : (आगे से ले आकर बड़े शिष्टाचार से) आप क्यों यहाँ तशरीफ लाई हैं? कुछ हम लोग सरकार के विरुद्ध किसी प्रकार की सम्मति करने को नहीं एकत्र हुए हैं। हम लोग अपने देश की भलाई करने को एकत्र हुए हैं।

डिसलायलटी : नहीं, नहीं, तुम सब सरकार के विरुद्ध एकत्र हुए हो, हम तुमको पकड़ेंगे।

बंगाली : (आगे बढ़कर क्रोध से) काहे को पकड़ेगा, कानून कोई वस्तु नहीं है। सरकार के विरुद्ध कौन बात हम लोग बोला? व्यर्थ का विभीषिका!

डिस. : हम क्या करें, गवर्नमेंट की पालिसी यही है। कवि वचन सुधा नामक पत्र में गवर्नमेंट के विरुद्ध कौन बात थी? फिर क्यों उसे पकड़ने को हम भेजे गए? हम लाचार हैं।

दू. देशी : (टेबुल के नीचे से रोकर) हम नहीं, हम नहीं, तमाशा देखने आए थे।

महा. : हाय हाय! यहाँ के लोग बड़े भीरु और कापुरुष हैं। इसमें भय की कौन बात है! कानूनी है।

सभा. : तो पकड़ने का आपको किस कानून से अधिकार है?

डिस. : इँगलिश पालिसी नामक ऐक्ट के हाकिमेच्छा नामक दफा से।

महा. : परंतु तुम?

दू. देशी : (रोकर) हाय हाय! भटवा तुम कहता है अब मरे।

महा. : पकड़ नहीं सकतीं, हमको भी दो हाथ दो पैर हैं। चलो हम लोग तुम्हारे संग चलते हैं, सवाल जवाब करेंगे।

बंगाली : हाँ चलो, ओ का बात–पकड़ने नहीं शेकता।

सभा. : (स्वगत) चेयरमैन होने से पहिले हमीं को उत्तर देना पड़ेगा, इसी से किसी बात में हम अगुआ नहीं होते।

डिस : अच्छा चलो। (सब चलने की चेष्टा करते हैं)

(जवनिका गिरती है)

◆◆◆◆◆

छठा अंक

स्थान—गंभीर वन का मध्यभाग

(भारत एक वृक्ष के नीचे अचेत पड़ा है)

(भारतभाग्य का प्रवेश)

भारतभाग्य : (गाता हुआ—राग चैती गौरी)

जागो जागो रे भाई।

सोअत निसि बैस गँवाई। जागो जागो रे भाई॥

निसि की कौन कहै दिन बीत्यो काल राति चलि आई।

देखि परत नहिं हित अनहित कछु परे बैरि बस जाई॥

निज उद्धार पंथ नहिं सूझत सीस धुनत पछिताई।

अबहूँ चेति, पकरि राखो किन जो कछू बची बड़ाई॥

फिर पछिताए कछू नहिं ह्वैहैं रहि जैहौ मुँह बाई।

जागो जागो रे भाई॥

(भारत को जगाता है और भारत जब नहीं जागता तब अनेक यत्न से फिर जगाता है, अंत में हारकर उदास होकर)

हाय! भारत को आज क्या हो गया है? क्या निस्संदेह परमेश्वर इससे ऐसा ही रूठा है? हाय क्या अब भारत के फिर वे दिन न आवेंगे? हाय यह वही भारत है जो किसी समय सारी पृथ्वी का शिरोमणि गिना जाता था!

भारत के भुजबल जग रक्षित।

भारतविद्या लहि जग सिच्छित॥

भारततेज जगत बिस्तारा।

भारतभय कंपत संसारा॥

जाके तनिकहिं भौंह हिलाए।

थर थर कंपत नृप डरपाए॥
जाके जय की उज्ज्वल गाथा।
गावत सब महि मंगल साथा॥
भारतकिरिन जगत उँजियारा।
भारतजीव जिअत संसारा॥
भारतवेद कथा इतिहासा।
भारत वेदप्रथा परकासा॥
फिनिक मिसिर सीरीय युनाना।
भे पंडित लहि भारत दाना॥
रह्यौ रुधिर जब आरज सीसा।
ज्वलित अनल समान अवनीसा॥
साहस बल इन सम कोउ नाहीं।
तबै रह्यौ महिमंडल माहीं॥
कहा करी तकसीर तिहारी।
रे बिधि रुष्ट याहि की बारी॥
सबै सुखी जग के नर नारी।
रे विधना भारत हि दुखारी॥
हाय रोम तू अति बड़भागी।
बर्बर तोहि नास्यो जय लागी॥
तोड़े कीरतिथंभ अनेकन।
ढाहे गढ़ बहु करि प्रण टेकन॥
मंदिर महलनि तोरि गिराए।
सबै चिन्ह तुव धूरि मिलाए॥
कछु न बची तुव भूमि निसानी।
सो बरु मेरे मन अति मानी॥
भारत भाग न जात निहारे।
थाप्यो पग ता सीस उघारे॥
तोर्‌यो दुर्गन महल ढहायो।
तिनहीं में निज गेह बनायो॥
ते कलंक सब भारत केरे।

ठाढ़े अजहूँ लखो घनेरे ॥
काशी प्राग अयोध्या नगरी।
दीन रूप सम ठाढ़ी सगरी ॥
चंडालहु जेहि निरखि घिनाई।
रही सबै भुव मुँह मसि लाई ॥
हाय पंचनद हा पानीपत।
अजहुँ रहे तुम धरनि बिराजत ॥
हाय चितौर निलज तू भारी।
अजहुँ खरो भारतहि मँझारी ॥
जा दिन तुव अधिकार नसायो।
सो दिन क्यों नहिं धरनि समायो ॥
रह्यो कलंक न भारत नामा।
क्यों रे तू बारानसि धामा ॥
सब तजि कै भजि कै दुखभारो।
अजहुँ बसत करि भुव मुख कारो ॥
अरे अग्रवन तीरथ राजा।
तुम्हुँ बचे अबलौं तजि लाजा ॥
पापिनि सरजू नाम धराई।
अजहूँ बहत अवतट जाई ॥
तुम में जल नहिं जमुना गंगा।
बढ़हु वेग करि तरल तरंगा ॥
धोवहु यह कलंक की रासी।
बोरहु किन झट मथुरा कासी ॥
कुस कन्नौज अंग अरु बंगहि।
बोरहु किन निज कठिन तरंगहि ॥
बोरहु भारत भूमि सबेरे।
मिटै करक जिय की तब मेरे ॥
अहो भयानक भ्राता सागर।
तुम तरंगनिधि अतिबल आगर ॥
बोरे बहु गिरी बन अस्थाना।

पै बिसरे भारत हित जाना॥
बढ़हु न बेगि धाइ क्यों भाई।
देहु भारत भुव तुरत डुबाई॥
घेरि छिपावहु विंध्य हिमालय।
करहु सफल जल भीतर तुम लय॥
धोवहु भारत अपजस पंका।
मेटहु भारतभूमि कलंका॥

हाय! यहीं के लोग किसी काल में जगन्मान्य थे।

जेहि छिन बलभारे हे सबै तेग धारे।
तब सब जग धाई फेरते हे दुहाई॥
जग सिर पग धारे धावते रोस भारे।
बिपुल अवनि जीती पालते राजनीती॥
जग इन बल काँपै देखिकै चंड दापै।
सोई यह पिय मेरे ह्वै रहे आज चेरे॥

ये कृष्ण बरन जब मधुर तान।
करते अमृतोपम वेद गान॥
तब मोहन सब नर नारि वृंद।
सुनि मधुर वरन सज्जित सुछंद॥
जग के सबही जन धारि स्वाद।
सुनते इनहीं को बीन नाद॥
इनके गुन होतो सबहि चैन।
इनहीं कुल नारद तानसैन॥
इनहीं के क्रोध किए प्रकास।
सब काँपत भूमंडल अकास॥
इनहीं के हुंकृति शब्द घोर।
गिरि काँपत हे सुनि चारु ओर॥
जब लेत रहे कर में कृपान।
इनहीं कहँ हो जग तृन समान॥
सुनि कै रनबाजन खेत माहिं।
इनहीं कहँ हो जिय सक नाहिं॥

याही भुव महँ होत है हीरक आम कपास।
इतही हिमगिरि गंगाजल काव्य गीत परकास॥
जाबाली जैमिनि गरग पातंजलि सुकदेव।
रहे भारतहि अंक में कबहि सबै भुवदेव॥
याही भारत मध्य में रहे कृष्ण मुनि व्यास।
जिनके भारतगान सों भारतवदन प्रकास॥
याही भारत में रहे कपिल सूत दुरवास।
याही भारत में भए शाक्य सिंह संन्यास॥
याही भारत में भए मनु भृगु आदिक होय।
तब तिनसी जग में रह्यो घृना करत नहिं कोय॥
जासु काव्य सों जगत मधि अब लौं ऊँचो सीस।
जासु राज बल धर्म की तृषा करहिं अवनीस॥
साईं व्यास अरु राम के बंस सबै संतान।
ये मेरे भारत भरे सोइ गुन रूप समान॥
सोई बंस रुधिर वही सोई मन बिस्वास।
वही वासना चित वही आसय वही विलास॥
कोटि कोटि ऋषि पुन्य तन कोटि कोटि अति सूर।
कोटि कोटि बुध मधुर कवि मिले यहाँ की धूर॥
सोइ भारत की आज यह भई दुरदसा हाय।
कहा करे कित जायँ नहिं सूझत कछू उपाय॥

(भारत को फिर उठाने की अनेक चेष्टा करके उपाय निष्फल होने पर रोकर)

हा! भारतवर्ष को ऐसी मोहनिद्रा ने घेरा है कि अब इसके उठने की आशा नहीं। सच है, जो जान बुझकर सोता है उसे कौन जगा सकेगा? हा दैव! तेरे विचित्र चरित्र हैं, जो कल राज करता था वह आज जूते में टाँका उधार लगवाता है। कल जो हाथी पर सवार फिरते थे आज नंगे पाँव वन वन की धूल उड़ाते फिरते हैं। कल जिनके घर लड़के लड़कियों के कोलाहल से कान नहीं दिया जाता था आज उसका नाम लेवा और पानी देवा कोई नहीं बचा और कल जो घर अन्न धन पूत लक्ष्मी हर तरह से भरे थे आज उन घरों में तूने दीया बालनेवाला भी नहीं छोड़ा।

हा! जिस भारतवर्ष का सिर व्यास, वाल्मीकि, कालिदास, पाणिनि, शाक्यसिंह बाणभट्ट, प्रभृति कवियों के नाममात्र से अब भी सारे संसार में ऊँचा है, उस भारत की यह दुर्दशा! जिस भारतवर्ष के राजा चंद्रगुप्त और अशोक का शासन रूम रूस तक माना जाता था, उस भारत की यह दुर्दशा! जिस भारत में राम, युधिष्ठिर, नल, हरिश्चंद्र, रंतिदेव, शिवि इत्यादि पवित्र चरित्र के लोग हो गए हैं उसकी यह दशा! हाय, भारत भैया, उठो! देखो विद्या का सूर्य पश्चिम से उदय हुआ चला आता है। अब सोने का समय नहीं है। अँगरेज का राज्य पाकर भी न जगे तो कब जागोगे। मूर्खों के प्रचंड शासन के दिन गए, अब राजा ने प्रजा का स्वत्व पहिचाना। विद्या की चरचा फैल चली, सबको सब कुछ कहने सुनने का अधिकार मिला, देश विदेश से नई विद्या और कारीगरी आई। तुमको उस पर भी वही सीधी बातें, भाँग के गोले, ग्रामगीत, वही बाल्यविवाह, भूत प्रेत की पूजा, जन्मपत्री की विधि! वही थोड़े में संतोष, गप हाँकने में प्रीती और सत्यानाशी चालें! हाय अब भी भारत की यह दुर्दशा! अरे अब क्या चिता पर सम्हलेगा? भारत भाई! उठो, देखो अब दुख नहीं सहा जाता, अरे कब तक बेसुध रहोगे? उठो, देखो, तुम्हारी संतानों का नाश हो गया। छिन्न-छिन्न होकर सब नरक की यातना भोगते हैं, उस पर भी नहीं चेतते। हाय! मुझसे तो अब यह दशा नहीं देखी जाती। प्यारे जागो। (जगाकर और नाड़ी देखकर) हाय इसे तो बड़ा ही ज्वर चढ़ा है! किसी तरह होश में नहीं आता। हा भारत! तेरी क्या दशा हो गई! हे करुणासागर भगवान्! इधर भी दृष्टि कर। हे भगवती राज-राजेश्वरी इसका हाथ पकड़ो। (रोकर) अरे कोई नहीं जो इस समय अवलंब दे। हा! अब मैं जी के क्या करूँगा! जब भारत ऐसा मेरा मित्र इस दुर्दशा में पड़ा है और उसका उद्धार नहीं कर सकता, तो मेरे जीने पर धिक्कार है! जिस भारत का मेरे साथ अब तक इतना संबंध था उसकी ऐसी दशा देखकर भी मैं जीता रहूँ तो बड़ा कृतघ्न हूँ! (रोता है) हा विधाता, तुझे यही करना था! (आतंक से) छिः छिः इतना क्लैव्य क्यों? इस समय यह अधीरजपना! बस, अब धैर्य! (कमर से कटार निकालकर) भाई भारत! मैं तुम्हारे ऋण से छूटता हूँ! मुझसे वीरों का कर्म नहीं हो सकता। इसी से कातर की भाँति प्राण देकर उऋण होता हूँ। (ऊपर हाथ उठाकर) हे सर्व्वांतर्यामी! हे परमेश्वर! जन्म-जन्म मुझे भारत सा भाई मिलै। जन्म जन्म गंगा जमुना के किनारे

मेरा निवास हो।

(भारत का मुँह चूमकर और गले लगाकर)

भैया, मिल लो, अब मैं विदा होता हूँ। भैया, हाथ क्यों नहीं उठाते? मैं ऐसा बुरा हो गया कि जन्म भर के वासते मैं विदा होता हूँ तब भी ललककर मुझसे नहीं मिलते। मैं ऐसा ही अभागा हूँ तो ऐसे अभागे जीवन ही से क्या; बस यह लो। (कटार का छाती में आघात और साथ ही जवनिका पतन)

◆◆◆◆◆

शब्दार्थ तथा टिप्पणी

अत्तारन	–	अत्तार (औषधि बेचने वाला) का बहुवचन (परमपिता... प्रान–रोग फैलेगा, तभी वैद्यों तथा औषधि बेचने वालों की कमाई होगी। इसी लिए रोग कहता है कि मैं वैद्यों का परमपिता और औषधि बेचने वालों का प्राण हूँ।)
अपजस पंका	–	अपयश का कीचड़, कलंक का टीका
अपनाए की	–	शरणागत की
अबलौं	–	अब तक
अविद्या राती	–	सभी अज्ञान में रत हैं।
आन	–	प्रताप, प्रभाव
आरज सीसा	–	आर्यों के सिर (रह्यौ रुधिर जब आरज सीसा – आर्यों के सिर पर जब तक रुधिर यानी ओज था।)
उछाह	–	उत्साह
उमरा	–	अमीर का बहुवचन (अमीर अपने हाथ से काम करने में अपनी तौहीन समझते हैं।)
ओ का बात	–	उसके बाद
करक	–	चुभन, पीड़ा
काफर	–	ईश्वर को न मानने वाला, नास्तिक (मध्यकाल में मुसलमान इस्लाम को न मानने वाले को काफिर कहते थे।)
काल राति	–	मृत्यु की रात
किए तीन तेरह सबै	–	तीन और तेरह में बाँटना (ब्राह्मणों में आपस में तीन और तेरह का भेद होता है। शुक्ल, तिवारी, मिश्र तीन में आते हैं तथा पांडेय, चौबे, दूबे, पाठक, उपाध्याय आदि तेरह में आते हैं। तीन वाले तेरह वालों को अपने से निम्न मानते हैं। पहले के समय में इनके बीच विवाह–संबंध नहीं होता था।)
कूढ़	–	मूर्ख, जड़

खेत	–	क्षेत्र, युद्ध का मैदान
गरग	–	गर्ग (एक ऋषि)
घनघोर	–	बहुत अधिक, अतिशय
ख्वारी	–	बर्बादी
गोल	–	भीड़
गोलमाल	–	भीड़भाड़, उपद्रव
चंड दापै	–	प्रचंड तेज को
चारु ओर	–	चारों ओर
चेरे	–	दास, दीन–हीन
चौका चौका छाय	–	अलग–अलग रसोई बनाना। पहले ब्राह्मणों में यह रिवाज बहुत ज्यादा था। एक का बनाया हुआ दूसरा नहीं खाता था। कान्यकुब्जों के बारे में यह कहावत प्रसिद्ध है – तीन कनौजिया तेरह चूल्हा।
छार खार	–	तहस–नहस
छाऊँ	–	फैलाऊँ
छीजत	–	नष्ट हो रहा है।
जयचंद	–	पृथ्वीराज चौहान का रिश्तेदार, जिसने पृथ्वीराज पर आक्रमण करने के लिए विदेशी आक्रमणकारी शहाबुद्दीन गोरी को आमंत्रित किया था। जयचंद गद्दारों और देशद्रोहियों का प्रतीक माना जाता है।
जवनसैन	–	यवन सैन्य, मुसलमानों की सेना
जवनिका	–	यवनिका, पर्दा
जोगनिद्रा	–	योगनिद्रा, ऐसी निद्रा जिसमें व्यक्ति मुर्दे जैसा पड़ा रहे।
टिकस	–	टैक्स
टिक्कस	–	टैक्स
टट्टी	–	आड़, ओट
डिसलायल्टी	–	देशद्रोह
तकसीर	–	अपराध
दुरवासा	–	दुर्वासा ऋषि
नख्शेपा	–	पदचिह्न (आलसियों को लक्ष्य करके कहा गया है। आलसी कहता है– हमें चरण–चिह्न (ऐतिहासिक महत्त्व की वस्तु) मानकर जमीन पर पड़ा रहने दो। हमें हिलाना–डुलाना अच्छा नहीं है।)

निहचै	–	निश्चय
नेआमत	–	नेमत, ईश्वर का उपहार
पालते राजनीती	–	राज्य करते थे (विपुल अवनि जीती। पालते राजनीती– विशाल भूभाग जीतकर उस पर राज्य करते थे)
पेशतर	–	पहले
फाका	–	भूखे रहना (फाकों से मरिए ... कीजिए – हम भूखे मर जाएँगे; मगर कुछ काम नहीं करेंगे। काम करना हमारी शान के खिलाफ है।)
बल बीरज	–	बल वीर्य, पौरुष, शक्ति, तेज
बापटैजिंग वाइन	–	बपतिस्मा (ईसाइयों का धार्मिक उत्सव) का पवित्र वाइन।
बिभिचार	–	व्यभिचार
बैस	–	वयस्, उम्र (सोवत निसि बैस गँवाई – रात को सोते हुए उम्र गँवाई)
बोर्जोबल	–	बाजूबल, बाहुबल
भट्ट के ठट्ट	–	पंडितों के झुंड के झुंड
मदवा	–	मदिरा, शराब
मरी	–	मृत्यु
महामोह	–	महाअज्ञान
मिस्ले लोथ	–	लाश की तरह
मीरे फर्श	–	कालीन के कोनों को दबाने के लिए रखा जाने वाला भारी पत्थर; वह आदमी जो अपनी जगह से हिले-डुले नहीं।
मुहताज	–	मजबूर, बेबस
रंज	–	कष्ट, दुख
रनबाजन	–	रणवाद्य, रणभेरी, युद्ध के बाजे
राजराजेश्वरी	–	ब्रिटेन की महारानी विक्टोरिया
शराबेतहूरा	–	स्वर्ग में पी जाने वाली शराब
सुरखाब का पर	–	दुर्लभ या अनोखी वस्तु
सेवाजी	–	शिवाजी
सोग	–	शोक
हुंकृति	–	हुंकार, गर्जना
होत	–	होने पर

□□